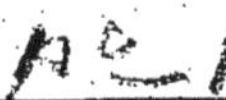

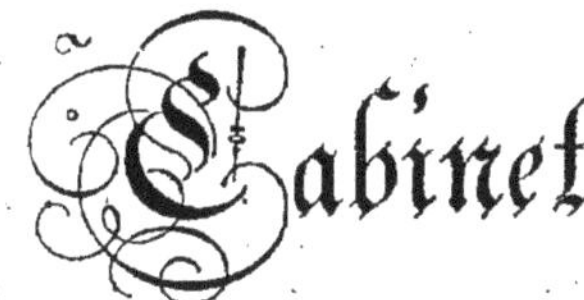

DE

M. N. RÉVIL.

CATALOGUE

DE LA

Collection d'Estampes,

ANCIENNES ET MODERNES,

RECUEILLIES PAR **M. N. RÉVIL**,

RÉDIGÉ

Par Piéri-Bénard,

Md d'Estampes de la Bibliothèque du Roi, boulevard des Italiens, N° 11.

Paris, 1830.

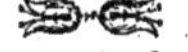

IMPRIMERIE DE CARPENTIER-MÉRICOURT, RUE TRAÎNÉE, N° 15.
Près Saint-Eustache.

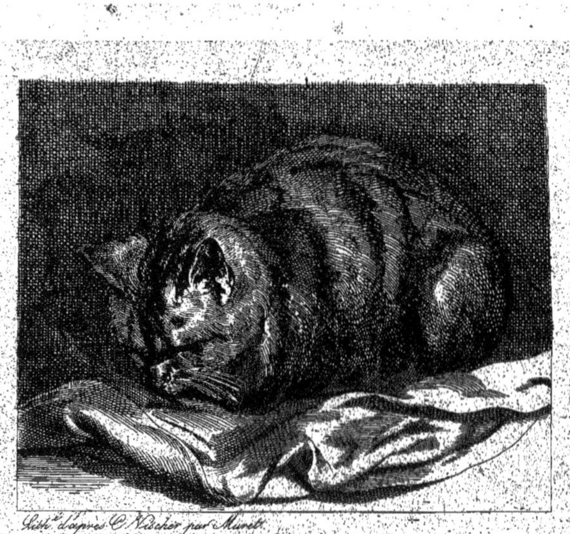

Lith. d'après C. Vischer par Muret

Avant-Propos.

Une des plus belles et des plus intéressantes collections d'Estampes qu'un amateur ait pu former, est sans contredit celle dont nous donnons ici la notice. Nous pourrions même avancer que jamais particulier n'avait réuni autant de pièces capitales, et surtout de ces raretés qu'on chercherait vainement ailleurs.

La beauté des épreuves et leur belle conservation a toujours surpris toutes les personnes qui ont visité ce cabinet, et jamais M. Révil n'a fait acquisition de ces pièces défectueuses pour les faire restaurer par ces hommes habiles à remplacer le travail des anciens graveurs par leur propre talent.

Cette collection a été formée avec un tel discernement que, dans un nombre au plus de six cents estampes, elle renferme les principales productions des graveurs de toutes les écoles, depuis l'origine de la gravure jusqu'à nos jours. C'est pour conserver un souvenir de cet ensemble vraiment précieux que nous avons entrepris de faire connaître par un catalogue détaillé, les pièces qui le composent. Nous ne pouvions avoir l'intention de faire un ouvrage raisonné sur la gravure, tel que la réunion de tant de belles pièces pouvait le faire désirer : mais nous avons voulu conserver un modèle à consulter par l'amateur curieux de former un un cabinet classique. Notre tâche n'a pas été difficile : M. Révil qui depuis vingt-cinq s'est occupé de former cette collection, ne l'a jamais enrichie d'une pièce sans en avoir étudié toutes les parties avec un soin si rigoureux, que toutes étaient parfaitement classées, et nous n'avons eu qu'à décrire.

Nous croyons nécessaire pour faciliter les recherches, de faire connaître la marche que nous avons suivie dans ce catalogue.

Nous avons fait quatre divisions principales : 1° l'Ecole Italienne ; 2° les Ecoles Allemande et des Pays-Bas ; 3° l'Ecole Française ; 4° l'Ecole Anglaise. Dans chaque division nous avons classé les maîtres par ordre alphabétique en les faisant précéder des anonymes : mais nous nous sommes écartés de cette marche relativement aux estampes d'Augustin Venitien et de Silvestre de Ravenne, pour lesquelles nous avons suivi l'ordre adopté par Bartsch, dans l'œuvre de Marc-Antoine.

CATALOGUE

DE LA

COLLECTION D'ESTAMPES

ANCIENNES ET MODERNES.

ÉCOLE ITALIENNE.

NIELLES SUR MÉTAL.

1 Vierge et Enfant-Jésus gravés sur argent doré, petite pièce ovale. *Essai sur les Nielles par M. Duchène aîné, page* 148, n° 45.

2 Manche de couteau avec des arabesques gravées sur deux faces et sur argent. *Même ouvrage, pag.* 296, n° 399.

NIELLES IMPRIMÉS.

3 Vierge à mi-corps adorant l'Enfant-Jésus. *Même ouvrage, pag.* 146, n° 37.

4 Sacrifice au dieu Mars, composition de six figures. *Même ouvrage, pag.* 217, n° 221.

5 Rinceau d'ornemens composé d'enfans, satyres et animaux chimériques. *Même ouvrage, pag.* 201, n° 358.

6 Rinceau d'ornemens composé d'une cuirasse entre deux chevaux ailés, d'Amours et de Chimères. *Même ouvrage, pag.* 282, n° 359.

7 Arabesque symétrique composé d'attributs marins. *Même ouvrage, pag.* 282, n° 360.

Ces trois dernières pièces sont de Peregrini et deux portent sa marque.

8 Dieu le Père vu à mi-corps paraissant donner la bénédiction. Petit médaillon rond avec une inscription grecque autour. *Diamètre* 1 *p.* 4 *l.*

9 Deux anges ailés portant une chasse surmontée de la Vierge tenant l'Enfant-Jésus. Dans le bas, deux petites figures dont une à genoux, un peu vers la gauche, paraît être un guerrier; l'autre près de l'ange qui est à droite, représente un pape. Médaillon rond avec le fond blanc. *Diamètre* 2 *p.* 4 *l.*

10 Petit cadran de montre dans l'intérieur duquel est gravé un écusson soutenu de chaque côté par un lion et surmonté d'un casque garni de plumes qui s'étendent sur une partie du fond. Les chiffres romains qui sont autour sont écrits à rebours. *Diamètre* 1 *p.* 4 *lig.*

ANONYMES.

Pièces non décrites par BARTSCH.

11 Allégorie sur la gravure. Un vieillard est assis auprès d'une table, sur laquelle se trouvent une

sphère et un livre. Vers la droite, on voit Hercule soutenant le globe sur son épaule. Les travaux de cette pièce sont dans le goût des premiers graveurs italiens et antérieurs à *Mantegna*, qui paraît avoir puisé dans cet ouvrage ce style naïf qu'il perfectionna par la suite. *Strutt* nous en donne une copie et une description fort intéressante du sujet. Il dit que l'artiste a représenté un graveur sous la figure d'un vieillard, parce qu'il est nécessaire d'étudier et de pratiquer long-temps avant d'arriver à la perfection. Sous la figure d'Hercule sont représentées cette force et cette tension d'esprit qui sont nécessaires pour acquérir un grand talent ; le livre, la sphère et les autres emblêmes de la science, sont là pour montrer que l'artiste doit être un homme instruit. *H.* 5 *p.* 2 *lig* ; *l.* 4 *p.* 2 *lig.*

12 Jupiter et Léda. Sur le premier plan, à gauche de l'estampe, Léda est assise à terre appuyée contre un tronc d'arbre. De la main gauche, elle soutient le cou du cygne qui est posé sur elle. Le fond est entièrement occupé par une ville traversée par une rivière qui coule vers le devant à droite : un pont de pierre joint les deux parties, et un peu en avant deux hommes se jettent à la nage. Cette pièce est gravée, dans le style de Robetta et du Maître-à-l'Oiseau, mais antérieure à tous les deux. Elle est d'une rareté extrême et manque dans tous les cabinets. *L.* 7 *p.* 4 *lig* ; *h.* 5 *p.* 4 *l.*

13 Vierge assise sur un banc de bois et environnée de rayons. Elle porte sur son genou l'Enfant-Jésus, tenant une boule surmontée d'une croix. *H.* 2 *p.* 7 *lig.*; *L.* 1 *p.* 11 *lig.*

14 Les douze apôtres gravés sur une seule planche : six sur la partie supérieure et six sur la partie inférieure; dans chaque compartiment où les figures sont placées, il y a une banderolle avec une inscription en lettres gothiques, et les noms des prophètes sont inscrits au-dessus de leur tête.

Il serait difficile de décider à quelle école appartient cette pièce ; si l'on considère le travail et le ton de l'impression, on sera porté à croire que *Baldini* en est l'auteur; mais en observant que les inscriptions sont en lettres gothiques; on pourrait aussi l'attribuer à l'École allemande. Dans tous les cas, il est probable que cette estampe a été imprimée en Italie. Elle est de la plus grande rareté, et nous ne connaissons aucun cabinet qui la possède, ni aucun ouvrage qui en parle. *L.* 8 *p.* 3 *lig.*; *h.* 5 *p.* 6 *lig.*

15 Nymphe et Satyre près d'une fontaine. A la gauche de l'estampe, au milieu des broussailles, on voit un satyre dans une posture lascive, qui regarde une nymphe nue, prête à entrer dans l'eau qui jaillit d'un rocher. Au bas de la droite sont les lettres B. B. Cette pièce habilement exécutée ressemble pour le faire aux productions *de Silvestre de Ravenne*. C'est la seule épreuve connue. *L.* 11 *p.* 3 *l.*; *h.* 8 *p.* 10 *lig.*

16 Mars et Vénus couchés ensemble sur un lit placé à la droite de l'estampe ; au milieu Vulcain tire avec effort une corde, qui retient dans un rêts invisible le couple amoureux. Apollon est debout près de lui, et dans le haut on voit les autres dieux qui sont témoins de l'infidélité de l'épouse de Vulcain. La gauche est occupée par le péristile d'un temple où se trouve la statue de Vénus placée entre deux colonnes. Cette estampe, qui nous paraît être d'après une composition du *Primatice* ou del *Rosso*, est gravée d'un très-bon goût. La seule connue. *L.* 9 *p.* 4 *lig.* ; *h.* 7 *p.* 8 *lig.*

Pièces décrites dans **BARTSCH.**

17 L'Assomption par un anonyme. *B. v.* XIII, *pag.* 86, n° 4. Grande estampe en deux pièces, de la plus grande rareté et d'une parfaite conservation. Nous sommes tout-à-fait du sentiment de feu Bénard, notre prédécesseur, qui l'a classée dans l'œuvre de Baldini. (*Voy. catalogue de M. Durand, par Bénard,* n. 35.)

Les cartes de **TARRO.** *B. v.* XIII, *p.* 69.

Celles que nous possédons sont au nombre de douze, qui sont :

18 Terpsichore, n° 30.
19 Erato, n° 31.
20 Polimnia, n° 32.
21 Melpomène, n° 34.

22 Clio, n° 36.
23 Aritmetica, n° 40.
24 Musica, n° 42.
25 Iliaco, n° 43.
26 Fortezza, n° 53.
27 Charita, n° 55.
28 Mercurio, n° 59.
Toutes belles d'épreuves, rares à trouver aussi bien conservées.

GRAVEURS CONNUS.

Baccio **BALDINI.** *B. v.* XIII, *p.* 161.

Les PROPHETES, nous en possédons huit, qui sont :

30 Noé, n° 1.
31 Jacob, n° 2.
32 Moïse, n° 3.
33 Samuel, n. 4.
34 Jérémie, n° 5.
35 Ézéchiel, n° 12.
36 Jael, n° 14.
37 Jonas, n° 17.
Très-belles d'épreuves et de conservations, avec les vers au bas.

VIGNETTES POUR LE DANTE.

38 Le Dante effrayé par une Panthère, *chant* 1er, n° 37.
39 Le Dante avec Virgile, *chant* II°, n° 38.
40 La même, première épreuve avant l'impression au revers.

41 Le Dante et Virgile près de la barque à Caron, *chant* IIIe, no 39, très-belle épreuve.

Bartelemy **BISCAINO**. *B. v.* XXI, *p.* 179.

42 La Nativité, no 37 ; rare épreuve avant le nom de *Biscaino; remarque non décrite dans Bartsch.*

Jules **BONASONE**. *B. v.* XV, *p.* 101.

43 Le dieu Pan assis près d'une Nymphe, no 170.

J. Antoine de **BRESSE**. *B. v.* XIII, *p.* 417.

44 Sainte Famille, première épreuve avant les secondes tailles dans le fond, no 15. (*Voy. Mantegna, no* 59 *de ce catalogue.*)

45 Vierge et Enfant-Jésus (*non décrits*). La Vierge, vue à mi-corps, est debout au côté gauche de l'estampe, et adore, les mains jointes, l'Enfant-Jésus qui est assis à la droite sur un appui de pierre ; il regarde sa mère et tient un oiseau dans ses mains. Sur l'appui, à gauche de l'estampe, est la tablette du graveur, sur laquelle est écrit : JOAN. BX. *H.* 7 *p.*, 5 *lig.*; *l.* 5 *p.* 10 *lig.*

Dominique **CAMPAGNOLA**. *B. v.*, XVIII, *p.* 377.

46 L'Assomption de la Vierge, no 4.

Annibal **CARRACHE**. *B. v.* XVIII, *p.* 175.

47 L'Adoration des Bergers, n° 2, première épreuve avant le nom ; rare.

48 Le Christ de Caprarole, n° 4, épreuve avant le nom ; du Carrache et avec le mot *Caprarolæ*.

49 Cinq pièces libres, représentant Hercule et Déjanire, des Satyres et des femmes de Satyres, tous dans des postures lascives. Ces pièces exécutées avec un grand talent, sont d'une telle rareté, que ce sont les seules connues ; toutes de même dimension, parfaites de conservation, avec 5 lignes de marge. *H.* 6 *p.* 6 *lig.* ; *l.* 5 *p.* 6 *lig.*, *non compris les marges.*

Le Maître au **DÉ**. *B. v.* XV, *p.* 181.

50 La Fable de Psyché, composée de trente-deux pièces, n° 39—70. Très-belles épreuves égales d'impression et avant l'adresse de *Salamanque*.

51 Neuf pièces du même ouvrage, très-rares épreuves avant les vers ; ce sont les n°s 44 — 45 — 48 — 52 — 56 — 66, double 68 — 70.

Georges **GHISI**, *dit* **MANTUAN**. *B. v.* XV, *p.* 384.

52 L'Amour et Psyché couchés sur le même lit, n° 45, première épreuve avant la draperie sur la cuisse de Psyché. *Remarque non décrite par Bartsch.*

53 Les trois Parques, n° 47, première épreuve avant l'adresse et le nom des Parques; rare.

54 Angélique et Médor, n° 62.

55 La Calomnie accusant l'Innocence, n° 64, superbe et rare épreuve avant les inscriptions et le nom de *Mantuan. Remarque non décrite par Bartsch.*

56 Un Philosophe appuyé contre un rocher et parlant à une déesse armée d'un dard, n° 67 ; pièce connue sous le nom de *Songe de Raphael* ou *la Mélancolie de Michel Ange.*

LAFRERIE.

57 Les Vices lançant des flèches contre la Vertu cachée derrière le bouclier de Minerve; estampe connue sous le nom des *Tireurs d'arc.* D'après un dessin de *Raphael* qui se trouve dans l'Académie de Milan. C'est par erreur que cette pièce porte *Mich. Angelo inv.*

LONGHI.

58 La Madelaine étendue à terre, et lisant dans un livre, d'après le *Corrège*. Épreuve avant la lettre.

André MANTEGNA. *B. v.* XIII, *p.* 222.

59 La Vierge assise entre saint Joseph et sainte Élisabeth tient l'Enfant-Jésus debout sur ses genoux. (*Voyez ci-avant, J. An. de Bresse*, n° 44). Cette

superbe et rare estampe, sans aucun nom ni marque est première épreuve, avec une seule taille sur le fond; dans les secondes épreuves le fond est couvert de doubles tailles. Malgré la grande autorité de Bartsch nous ne balançons pas à placer cette belle pièce dans l'œuvre de Mantigna; l'ayant comparée à beaucoup d'autres productions de ce grand maître nous y avons retrouvé toutes les qualités qui le distinguent. Dessin savant, expression, conduite des travaux, etc. d'ailleurs notre opinion est partagée par beaucoup de connaisseurs, et fortifiée par celle de feu *Silvestre,* dont le cabinet, vendu en 1810, avait été commencé par *Israel Silvestre,* son bisayeul, en 1690, et aussi par feu *Regnault de La Lande* qui l'a classée deux fois dans l'œuvre de Mantigna. (*Voyez les catalogues des cabinets Silvestre et Logette.*)

60 Combat des Tritons, n° 17; belle épreuve.

MARC-ANTOINE RAIMONDI.

B. v. XIV, *p.* 5.

61 Adam et Ève, n° 1; très-belle épreuve d'une des estampes les plus rares et les plus recherchées de ce maître.

62 Adam et Ève fuyant du paradis terrestre, n° 2; en mauvais état.

63 Dieu ordonnant à Noé de bâtir l'arche, n° 3; estampe admirable d'épreuve et de conservation; rare.

64 Le Massacre des Innocents, *dit au chicot*, n° 18. Cette belle estampe, chef-d'œuvre de la gravure ancienne, est avant les mons qui se trouvent ordinairement sur un piédestal qui se voit à gauche; de la plus grande rareté.

65 Répétition de la pièce précédente, *sans le chicot*, n° 20; admirable épreuve d'une parfaite conservation.

66 Jésus à table chez le Pharisien, n° 13; première et belle épreuve avant l'adresse et avant les lignes sur le plancher.

67 La Cène, n° 26.

68 Le Portement de Croix connu en Italie sous le nom du *spasimo*, n° 28, d'après *Raphael*; par *Augustin, Vénitien*. *1re et rare épr. avec l'année* 1517.

69 Le Christ dans le tombeau, n° 30; petite pièce de forme circulaire; rare.

70 La Descente de Croix, n° 32; d'une beauté et d'une conservation qui ne laissent rien à désirer.

71 La Vierge pleurant auprès du corps mort de J.-C., n° 35.

72 Ananie frappé de mort, n° 42, gravé d'après Raphael; par *Augustin Vénitien*, et une de ses meilleures productions; très-belle.

73 Prédication de saint Paul, n° 44; de toute beauté.

74 Notre-Dame à l'escalier, n° 45.

75 La Vierge à la longue cuisse, n° 57; très-belle.

76 La Vierge au palmier, n° 62; très-belle.

77 Le Martyre de saint Laurent, n° 104, épreuve de la plus grande rareté, *dite* aux deux fourches.

Cette admirable estampe qui ne se trouve dans presque aucun cabinet de l'Europe, surtout en bon état, est d'une grande pureté. Dans le haut de la gauche il y a un petit bout de corniche non terminé, ce qui nous fait présumer que cette épreuve est celle qui fut présentée à Clément VII par *Marc-Antoine* avant de la montrer à *Baccio-Bandinelli.* On sait que ce graveur mit le plus grand empressement à connaître le sentiment de ce Pontife très-instruit sur les arts, qui lui fit la remarque très-judicieuse qu'il était peu vraisemblable de voir la main droite d'un des bourreaux embarrassée d'une fourche inutile, tandis qu'il n'employait que la main gauche pour tenir celle qui servait à maintenir le Saint sur le gril. M. *Antoine* sentit la justesse de l'observation, et mit tant de promptitude à gratter la fourche tenue par la main droite, que les traces y sont restées très-visiblement, et font croire à quelques personnes peu exercées, que ces épreuves sont celles, *dites aux deux fourches.* Pour se prémunir contre cette erreur, il est essentiel d'observer si la fourche, appuyée sur le Saint, passe devant le corps du bourreau qui la tient; dans ce cas, c'est une épreuve du second état; mais si le bâton de ladite fourche se termine près de son flanc gauche, on peut être convaincu que c'est une épreuve du premier état, telle que celle que nous possédons.

78 Autre épreuve de la même planche à une seule fourche, de la plus grande beauté, et parfaite de

conservation, ce qui est bien rare dans les grandes estampes anciennes.

79 Saint Michel, n° 105; par *Augustin Vénitien.*

80 Les cinq Saints, n° 113.

81 Sainte-Cécile, n°. 116.

82 Le Martyre de sainte Félicité, n° 117; parfaite.

83 Didon debout, prête à se donner la mort, n° 117. Cette pièce ayant été finement gravée, la planche a été promptement usée, et les belles épreuves, comme celle-ci sont très-rares.

84 Iphigénie reconnaissant Oreste et Pylade, n° 194, par *Aug. Vénitien.*

85 Lucrèce debout, prête à se percer le sein, n° 192. Estampe des premiers temps, de M. Antoine, très-belle epr. rare à trouver ainsi.

86 L'empereur rencontrant un guerrier à la porte d'une ville, n° 196, par *Aug. Vénitien*, de la plus belle conservation, avec grandes marges, et superbe d'épr.

87 Cléopâtre; *avec la tablette*, n° 199.

88 Cléopâtre; *sans la tablette*, n° 200, très-rare et belle.

89 Alexandre faisant serrer les livres d'Homère, n° 207.

90 L'enlèvement d'Hélène, n° 209; première et belle épreuve avant l'adresse de *Salamanque*.

91 Danse des Amours, n° 217, pièce de la plus grande rareté; elle est doublée avec une petite bande ajustée dans le haut sur le fond blanc.

92 Répétition du même sujet par M. Antoine, de la plus grande rareté et superbe d'épr.

93 Un Satyre se battant contre un Bouc, n° 221, par *S. de Ravenne.*

94 Deux Faunes portant un enfant, n° 230, belle épreuve.

95 Le Jugement de Pâris, n° 245. De la plus grande beauté d'épr. et de conservation; elle a un pli dans milieu que l'on n'aperçoit qu'à peine.

96 Le Parnasse, n° 247, épr. très-belle.

97 La Bacchanale, n° 248; d'une beauté d'épreuve et de conservation qui ne laissent rien à désirer.

98 Le Satyre et l'Enfant, n° 281.

99 Le Faune tenant une flûte et l'Enfant, n° 296; très-belle.

100 Vénus sortie du bain, et l'Amour, n° 297.

101 Les deux Satyres, dont l'un porte une Nymphe nue sur son dos, et l'autre lève la main pour la frapper, n° 305; pièce libre de la plus grande rareté, parfaite de conservation.

102 Le Satyre et la Nymphe endormie. Un Satyre représenté d'une manière libre, lève un drap qui couvrait une Nymphe endormie; elle est assise à terre, appuyée contre un arbre qui s'élève à droite; elle a la jambe droite alongée et la gauche repliée sous elle. Charmante petite composition gravée par M. Antoine, dans sa plus belle manière; le monogramme est dans le coin à gauche. De la plus grande rareté et non décrite. *L.* 3, *p.* 4, *lig. h*, 3 *p.* 1 *lig.*

103 La vendange, très-belle épreuve, n° 306.

104 Le Faune et le Tigre, n° 307.

105 L'Amour et les trois Enfans jouant avec une guiene, nº 320, de la plus grande beauté.

106 Pan et Syrinx, nº 325 ; parfaite d'épreuve et de conservation ; très-rare.

107 Apollon, nº 333.

108 L'Enfant offert à Priape, nº 336 ; pièce libre, par *Aug. Vénitien.*

109 Mercure ; un des angles de la galerie Ghigi, nº 343 ; d'une grande beauté d'épreuve et de conservation.

110 Hercule étouffant Anthée, nº 346.

111 Galathée sur les eaux, nº 350.

112 Le *Quos-Ego*, nº 252 ; très-belle estampe avant l'adresse de *Salamanque*, et avant toutes retouches.

113 L'homme aux deux trompettes, nº 356 ; petite piece, très-belle épreuve, et rare à trouver de cette qualité.

114 Le Songe, d'après *Raphael*, nº 359 ; belle épreuve et bien conservée.

115 Trajan entre la ville de Rome et la Victoire, nº 361 ; parfaite d'épreuve et de conservation.

116 La Prudence, nº 371.

117 L'Homme avec la Femme qui pose un pied sur une boule, nº 377 ; rare et belle épreuve.

118 L'Homme montrant une hache à une jeune femme, nº 380 ; belle épreuve et rare, gravée par *Marc-Antoine*, d'après un dessin de *Francia*.

119 Le jeune Homme à la lanterne, nº 384 ; très-belle épreuve.

120 Les sept Vertus, nº 386-392 ; très-belle suite, et d'un ton égal.

121 Le Serpent parlant à un jeune homme, n° 396; de la plus grande beauté d'épreuve et de conservation.

122 Les trois Docteurs, n° 404; pièce rare et très-belle.

123 La Petite peste, ou le *Morbetto*, n° 417; très-belle, et d'une grande pureté.

124 La Carcasse, connue en Italie sous le nom *dello stragozzo*, n° 426: de la plus grande rareté, avant les lettres A V sur le cornet.

125 L'Homme qui se chausse, très-belle, n° 472.

126 Les Grimpeurs, n° 487.

127 Le Grimpeur montant sur le rivage, n° 488; de la plus grande beauté.

128 La Cassolette, n° 489; très-belle épreuve.

129 Le Portrait de Raphaël Sanzio d'Urbino, n° 496; pièce rare.

130 Le portrait de l'Arétin, n° 513.

131 La Statue équestre de Marc-Aurèle, n° 514.

132 Le Cavalier portant un miroir. Un jeune homme couvert d'un manteau noué sur l'épaule droite, est monté sur un cheval non sellé, et se dirige vers le devant à gauche. Il porte dans sa main droite un miroir dans lequel il se regarde; très-jolie pièce non décrite par *Bartsch*. *H*. 5, *p*. 2, *lig*. *L*. 2, *p*. 3, *lig*.

Raphaël **MORGHEN**.

133 La Transfiguration, d'après *Raphaël*, épreuve avant la lettre.

134 La Cène, d'après *L. de Vinci*, épreuve avant la lettre.

135 Vierge et Enfant-Jésus; petite pièce de forme ovale, d'après *L. Carrache*, de même grandeur que le tableau, d'un fini parfait; épreuve avant la lettre.

136 Le Char du soleil, d'après le *Guide*; épreuve avant la lettre.

Antoine **POLLAJOLO**. *B. v.* XIII, *p.* 202.

137 Les Gladiateurs, n° 2; pièce capitale et rare.

PORPORATI.

138 Suzanne au bain, d'après *Santerre*, épreuve avant la lettre.

139 Le Coucher, d'après *Vanloo*, épreuve avant la lettre.

Guido **RENI**. *B. v.* XVIII, *p.* 275.

140 Le Christ au tombeau, entouré de la Vierge et des autres Saints, n° 46; première épreuve avec les imperfections du cuivre.

ROBETTA. *Vol.* XIII, *p.* 392.

141 L'Adoration des Rois, n° 6; très-belle épreuve.

142 Vénus entourée d'Amours, n° 18; très-belle.

ROBUSTI, *dit le* **TINTORET**. *B. v.* XVI. *p.* 104.

143 Portrait de Pascalis Ciconia, doge de Venise; seule pièce gravée par ce grand peintre; très-rare.

ECOLES ALLEMANDE

ET DES PAYS-BAS.

LE MAITRE *de* 1466. *B. v*, VI, *p.* 1.

144 Adam et Ève avec le Créateur, n° 1.

145 La Nativité, n° 12; belle épreuve.

146 Adoration des Mages. Au-devant de l'étable et au milieu de la planche, la Vierge est agenouillée tenant l'Enfant-Jésus assis sur son genou gauche. Un des Mages est à genoux sur le devant vers la droite, et présente un vase découvert à l'Enfant-Jésus, qui vient de prendre un des bijoux qu'il contient. Un second Mage est en adoration à genoux, au-devant de la gauche, et le troisième se tient debout devant la Vierge, ôtant son chapeau d'une main et portant un vase de l'autre. Dans le fond à gauche est saint Joseph sur la porte de l'étable, et dans le haut à droite un ange plane dans les airs conduisant une étoile. Superbe épreuve

d'une conservation parfaite et non décrite. *H.* 5 *p.*, 6 *lig.*; *L.* 3 *p.* 10 *lig.*

147 Baptême de Jésus. Au milieu de l'estampe Jésus est debout, les pieds dans l'eau du Jourdain, et couvert seulement d'une petite draperie qui lui sert de ceinture. Il reçoit le baptême de la main de saint Jean, qui est à genoux à gauche, sur le bord du fleuve, tenant sa main droite élevée, et un livre fermé dans l'autre main. A la droite, un ange est à genoux portant les vêtemens de Jésus. Dans le milieu du haut, on voit Dieu le Père sur des nuages, et de chaque côté des banderolles. Dans le coin du haut de la droite, on y a placé un croissant, et dans le côté opposé, le soleil. *H.* 6 *p.* 9 *lig.*; *L.* 4 *p.* 9 *lig.* *Non décrite.*

148 Saint Paul. Ce saint est assis sur un grand siége posé sur une estrade. Il est vu de profil tourné vers la gauche, et montrant du doigt une grande épée nue, appuyée sur son bras gauche. Belle épreuve bien conservée et non décrite. *H.* 5 *p.* 5 *lig.*; *L.* 3 *p.* 8 *lig.*

149 Saint Georges, n° 78. Belle épreuve bien conservée.

150 Sainte Dorothée. La sainte est debout au milieu de la planche, enveloppée dans un grand manteau, et portant sur son bras droit un panier. Elle marche vers le devant conduisant l'Enfant-Jésus. Dans le haut est écrit *Dorothea.* Pièce non décrite et entièrement dans le style du maître de 1466. *H.* 3 *p.* 1 *l.*; *L.* 2 *p.* 4 *lig.*

151 La lettre D d'un alphabet composé de figures dont plusieurs sont décrites par *Bartsch;* celle-ci ne l'est pas. Elle est composée par la figure de saint Jean-Baptiste tenant l'Agneau, et de saint Antoine enlevé par un ange. Même dimension que celles décrites; très-belle d'épreuve et de conservation.

152 La lettre G. *Décrite sous le n° 97.*

153 Sujet d'arabesques avec les instrumens de la Passion. Une tige de diverses fleurs commence du milieu du bas et se partage en plusieurs branches à droite et à gauche, au bout desquelles est une grosse fleur supportant des anges, qui tiennent les instrumens de la Passion. Celui du bas de la droite porte la lance et l'éponge, celui du même côté la couronne et les cloux. Celui du bas de la gauche la colonne, et celui du haut du même côté porte les verges. Le milieu du haut est occupé par un cœur ouvert, au milieu duquel est l'Enfant-Jésus tenant une banderolle. Cette estampe porte le monogramme du maître et la date de 1467. *H.* 5 *p.* 10 *l.*; *L.* 4 *p.* 3 *lig. Non décrite.*

154 Saint Antoine sur un trône gothique. Le saint est assis sur un grand siége dont le dossier gothique est coupé par le bord supérieur de la planche. Il tient de la main droite un bâton surmonté d'une croix, et de l'autre un livre ouvert dans lequel il lit. Deux anges ailés vus à mi-corps sont placés de chaque côté du siége; au-devant, deux pélerins à genoux adorent le saint, les mains jointes: celui de droite a son chapeau à terre, et celui

de gauche pendu sur le dos. De ce même côté, on voit le cochon sortir de dessous le manteau qui couvre Saint Antoine. Cette pièce nous paraît être du maître de 1466. Très-belle. *H.* 7 *p.* 5 *lig.*; *l.* 4 *p.* 7 *lig.*

155 Un apôtre, couvert d'un chapeau relevé par devant, marche pieds nus, s'appuyant sur un bourdon; entièrement dans le style du maître de 1466. *H.* 3 *p.* 2 *lig.*; *l.* 2 *p.*

ANONYMES.

Pièces non décrites par **BARTSCH**.

156 Saint Jérome adorant le Christ. Ce saint est à genoux, sur le premier plan, à la gauche de l'estampe, et tourné vers la droite où est plantée la croix du Sauveur. Le lion est couché au-delà de la croix. Cette pièce, peut-être unique, est gravée sur bois et coloriée. Elle est dans le style du saint Bernard, portant la date de 1454, qui se trouve à la bibliothèque du Roi. *H.* 9 *p.* 6 *lig.*; *l.* 5 *p.* 6 *lig.*

157 Jésus étendu sur une croix qui est à terre, et trois bourreaux s'occupent à l'attacher; celui qui est dans le coin à gauche lui enfonce un grand clou dans les pieds; un second est couché à terre pour mieux serrer une corde qui attache les jambes du Christ, tandis qu'un troisième lui enfonce un autre cloud dans la main droite. Deux juges sont debout

au-delà de la croix. Cette pièce fait pendant à la précédente. Elle est exécutée par le même graveur et aussi entièrement inconnue. *Même dimension.*

158 Jésus descendu de la croix entre les bras du Père éternel, qui est assis sur un grand siège placé au bas de la croix; au-devant deux anges vêtus de grandes tuniques, pleurent la mort de Jésus. Trois anges placés à la gauche de la croix, portent la colonne, la pique et les clous; trois autres placés à droite, portent l'éponge, les verges et le marteau. Les figures, les vêtemens, et tous les accessoires de cette pièce, nous paraissent d'un style et d'un travail si anciens, que nous n'hésitons pas de dire qu'elle est antérieure aux productions du maître de 1466; d'une grande rareté et peut-être unique. *H.* 9, *p.* 9, *lig.*; *L.* 7, *p.* 6, *lig.*

159 Saint Grégoire à genoux devant l'image de Jésus, qui est élevée sur un autel au milieu des instrumens de la passion. Au-devant à gauche, un enfant couvert d'habit de religieux, est aussi à genoux les mains jointes. Derrière, vers la droite, on voit deux ecclésiastiques dont l'un porte la mître de Saint-Grégoire. Ce sujet est entouré d'un rinceau d'ornemens, et dans le bas se trouve une inscription. *H.* 3, *p.* 4, *lig.*; *L.* 2 *p.* 4 *lig.*, y compris la vignette.

160 Entrée de Jésus dans Jérusalem. Jésus monté sur l'âne, se dirige vers la droite où l'on voit la porte de Jérusalem encombrée de beaucoup de personnes, les unes adorant le fils de Dieu, les autres étendant des draps par terre au-devant de lui. Une par-

tie des apôtres se voit à gauche derrière l'âne, et vers le bord de la droite de l'estampe, dans une des maisons de la ville, on voit la représentation de la sainte Cène.

Cette estampe capitale d'un travail serré et brillant, a quelque analogie avec les productions d'*Albert Durer,* ce qui nous fait présumer que cet habile graveur y a puisé les premières notions de son art.

161 Grande Patène de forme ronde, d'un anonyme du temps du maître de 1466. Cette épreuve toute première est avant la retouche d'*Israel Van Mecken*, qui a ajouté son monogramme I M au bas du sujet du milieu. Il est évident que Mecken s'est approprié cette planche après l'avoir retouchée; tout est exacment semblable entre les deux épreuves, quant au sentiment du dessin et au mécanisme de la gravure; mais on remarque dans celle avec le monogramme, plusieurs tailles déjà usées et reprises dans un autre sens, et beaucoup de contre-tailles qui ne se trouvent pas dans celle que nous possédons, qui est généralement beaucoup plus belle; d'ailleurs on ne peut présumer que Mecken, s'il eût gravé cette planche, aurait attendu qu'elle eût eu besoin d'être retouchée pour y apposer son monogramme. *Bartsch* qui n'avait pas vu d'autre épreuve que celle avec la marque, la donne à *I. V. Mecken,* (*voyez vol. VI, pag.* 254, *n°* 142,) mais il n'est pas douteux qu'il eût été d'un avis tout différent s'il eût connu celle sans marque, car il résout lui-même la

question, *vol VI, pag.* 195, en désignant trois estampes de *F. de Bocholt*, notamment le Saint-Georges combattant le dragon, où l'on distingue encore les lettres F. V. B. sous celles I. V. M., preuve incontestable, dit-il, que cette planche a été originairement gravée par *F. de Bocholt*, et retouchée ensuite par *Mecken*, qui se l'est appropriée. Pièce capitale de la plus grande rareté.

162 Vierge sur un croissant, couronnée par deux anges. Au bas, vers la gauche, un moine de l'ordre des Chartreux est à genoux les mains jointes; devant lui est inscrit en latin une prière adressée à la vierge Marie. Cette estampe rare qui n'est décrite dans aucun catalogue, porte un monogrammequi se trouve dans *Brulliot* au n° 461. *H.* 4 *p.* 2 *lig.*; *L.* 3 *p.* 6 *lig.*

163 Deux armories finement gravées sur la même planche: l'écusson de celle qui est à gauche est retenu par deux anges à genoux, et surmonté par une mître d'évêque; l'écusson de celle qui est à droite est surmonté de deux casques, sur l'un desquels est une main tenant une crosse. Pièce du plus grand intérêt, portant au revers la date de 1484, imprimée en toutes lettres, parfaitement conservée, avec un pouce de marge. *L.* 3 *p.* 7 *lig.*; *H.* 3 *p.* 3 *lig.*, non compris la marge.

164 Rinceau d'ornemens. Une grande plante de chardons prenant naissance dans le coin du bas de la droite, se divise en plusieurs branches, et remplit toute la planche. Au milieu, vers la gauche, un sau-

vage est monté sur une branche, tenant un canard de la main gauche. Au milieu du bas est le monogramme n° 43. *B. v.* 6, *p.* 68, pièce non décrite; *H.* 4 *p.* 4 *lig.*; *L.* 3 *p.* 4 *lig.*

Pièces décrites par **BARTSCH.**

ANONYME. *B. v.* IX, *p.* 67.

165 Le seigneur et la dame à genoux au pied de la croix, n° 1; seule pièce de ce maître; rare.

F. **STOSS.** *B. v.* VI, *p.* 66.

Le corps mort de J.C., n° 2; superbe épreuve bien conservée, avec marge.

Barthelemy **BEHAM.** *B. v.* VIII, *p.* 81.

166 Portrait de l'empereur Ferdinand Ier, n° 6; très-belle et première épreuve, avec l'adresse de *Heyden.*

H. Sebald **BEHAM.** *B. v.* VIII, *p.* 112.

167 La chasteté de Joseph, n° 14.
Répétition de la pièce précédente, n° 15; rare.

168 Les travaux d'Hercule, n°s 96, — 107; épreuves égales et belles.

169 Léda, n° 112; très-belle.

170 La Mort surprenant une jeune femme, n° 150; belle et rare.

171 La Mort et les trois sorcières, n° 151.

172 La Nuit, n° 153.

173 Les trois femmes nues. Pièce non décrite. Une grosse femme impudique entièrement nue, est assise de face sur un plancher élevé; elle a sa jambe gauche dans un baquet, et touche d'une manière indécente une autre femme nue qui veut monter sur un banc élevé à la gauche de l'estampe, et sur lequel est un enfant. Une troisième femme nue se voit derrière les autres. Rare et belle. *H.* 3 *p.*; *L.* 2 p. 1 *lig.*

Nicolas **BERGHEM.** *B. v.* v, *p.* 245.

174 La vache qui s'abreuve, n° 1; première épreuve où le nom de *Berghem* est tracé à l'eau forte en grande lettres. Très-belle épreuve.

175 La vache qui pisse, n° 2; première épreuve avant *l'adresse de de Witt*, et avant le nom de *Berghem*. Cette qualité d'épreuves n'a pas été connue de Bartsch. Belle conservation avec marge.

176 Les trois vaches en repos, n° 3; première et rare épreuve avant le petit nuage, avant les travaux sur la montagne qui est à gauche et avant le nom de *Berghem*.

177 La même estampe avec les travaux sur la montagne, mais avant le nom de *Berghem*; seconde épreuve, rare.

178 Le joueur de cornemuse, première épreuve avant le nom de *Berghem*. N° 4.

179 Les cinq sujets d'animaux en hauteur, 8 à 12, avec l'adresse de de Witt.

180 La vache couchée près celle qui est debout, n° 13.

181 Les chevaux, n° 14.

182 La vache couchée près celle qui pisse, n° 15.

183 L'âne, n° 16. Ces quatre pièces sont parfaites et d'une grande rareté, lorsqu'elles sont, comme ici, avant les numéros et les inscriptions.

184 Tête de bouc, n° 17; autre tête de bouc avec le front clair, n° 18.

C. BLOEMAERT.

185 Saint-Pierre ressuscitant Tabite, d'après le *Guerchin*; épreuve d'une grande beauté et d'un effet admirable.

BLOOTELING.

186 Portrait de Pierre Schout, chanoine d'Utrecht, représenté à cheval, pièce connue sous le nom du *Cavalier*. Cette estampe a été gravée d'après un tableau peint par trois maîtres, savoir: les terreins par *Weinats*, le cheval par *Ph. Wouwermans*, et le personnage par *Gas. Netscher*.

F. de BOCHOLT. *B. v.* VI, *p.* 77.

187 Le jugement de Salomon, n° 2; belle épreuve.

188 Saint-Jacques le Majeur, n° 8; épreuve parfaite.

F. **BOL.** *B. École de Rembrandt, p.* 1re.

189 Le sacrifice de Gédéon, n° 2.
190 La femme à la poire, n° 14.
191 Un vieillard philosophe, n° 6.

S. **BOLSWERT.**

192 Le couronnement d'épines, d'après *V. Dick,* première épreuve avant la troisième taille, derrière la jambe du soldat couvert d'une peau de tigre. D'un très-bel effet.
193 Le Christ à l'éponge, très-belle épreuve.

Jean **BOTH.**

194 Suite de quatre paysages en hauteur, 1 à 4, très-belles épreuves avec l'adresse de *Mathans.*

Hans **BURGMAER.** *B. v.* VII, *p.* 197.

195 Jeune femme poussant des cris en fuyant devant la mort, n° 40.

Van **DYCK.**

196 *L'Ecce homo,* première épreuve avant les mots *aqua forti.*
197 Le portrait du Titien et de sa maîtresse, première épreuve avant l'adresse de Bonenfant et le nom de Van Dyck.

198 Le portrait de Worsterman, première épreuve, eau forte pure, sans aucun travail sur le fond.

199 Le portrait de Sitermans, épreuve avant la lettre; rare.

200 Le portrait de Van Oort, épreuve avant la lettre.

201 Le portrait de Sneyders, la tête seulement. Pièce très-rare.

DIEPENBECK.

202 Un paysan est assis à la gauche de l'estampe, près d'un arbre dont on ne voit que le tronc; il tient par la bride un âne vu de profil tourné à gauche. Très-belle épreuve et rare. *L.* 5 *p.* 5 *lig.*; *h.* 2 *p.* 2 *lig.*

203 Copie fort trompeuse dans le sens de l'original, on le reconnaît 1° parce qu'on a omis dix petits oiseaux que l'on voit dans l'original derrière l'âne; 2° elle porte 2 lignes de plus que l'original dans sa hauteur.

DIETRICI.

204 Adoration des bergers; les musiciens ambulans, le marchand et le paysage au petit pont de bois. Quatre pièces de choix très-belles.

Charles DUJARDIN. *B. v.* 1, *p.* 159.

205 Un très-bel œuvre de ce maître, auquel on a joint le portrait de de Voos comme complément.

206 Les numéros 3, 4, 5, 6, 7, doubles épreuves avant les numéros.

Albert **DURER.** *B. v.* VII , *p.* 1re.

207 Adam et Ève, magnifique épreuve, n° 1.
208 La passion, suite de seize pièces, n° 3 à 18 ; épreuve de la plus grande beauté.
209 Jésus en croix, petite planche ronde, dite le pommeau d'épée, n° 23 ; avec grande marge, le papier n'ayant pas été coupé autour du cercle, comme on le voit souvent. Pièce rare et précieuse.
210 Saint Georges à cheval tenant un drapeau ; n° 54 ; belle épreuve.
211 Saint Eustache ou Saint Hubert, à genoux dans la forêt, n° 57 ; très-belle.
212 Saint Jérome dans sa cellule, n° 60 ; très-rare à trouver aussi parfait.
213 La famille du Satyre, n° 69.
214 La Mélancolie, n° 74.
215 Groupe de quatre femmes nues, n° 75.
216 La grande fortune, n° 77.
217 L'assemblée de gens de guerre, n° 88.
218 Le seigneur et la dame, n° 94.
219 Le cheval de la mort, n° 98 ; pièce capitale et belle.
220 Les armories à la tête de mort, n° 101 ; épreuve d'une rare beauté avec 6 lignes de marge.
221 Joachin Patenier, peintre de Dinant, n° 108. Cette pièce, la plus rare de l'œuvre, est parfaite et porte six lignes de marge.
222 Groupe de cinq chiens levriers, un est couché sur la droite de devant, et tourné vers la gauche où

l'on voit un autre assis sur ses pattes de derrière, un troisième est vu de profil regardant à gauche, le quatrième est vu de face et ne présente que la tête; et le cinquième est vu de profil regardant à droite, placé au-delà des autres. *L. 4 p; haut. 3 p.*

C. GALLE.

223 Vénus allaitant les amours; petite pièce d'après *Rubens.*

Alb. GLOCKANTON. *B. v.* VI, *p.* 344.

224 Entrée à Jérusalem, n° 2.
225 Jésus portant sa croix, n° 15.

Henry GOLTZIUS.

226 Son portrait en buste de grandeur naturelle; très-belle et rare épreuve avant la lettre.
227 L'Enfant monté sur le chien, pièce connue sous le nom du *chien de Goltzius.*
228 Une des Vierges sages, n° 18.

Le Comte GOUDT.

229 Son œuvre en sept pièces; de toute beauté.

HAINSELMAN.

230 La Vierge tenant l'Enfant-Jésus sur ses genoux, et faisant signe au jeune saint Jean de se taire; estampe dite *le silence*, d'après *Annibal Carrache.* Première épreuve avant le vase de fleurs sur la fenêtre; très-rare.

W. HOLLAR.

231 Intérieur de la galerie de l'archiduc Léopold, dont la plus grande partie est occupée par un tableau de *P. Veronese* représentant la reine de Saba visitant Salomon. Le haut de la galerie est garni de sept portraits, d'après *Allegri, Giorgione, Tiziano* et *Robusti* qui sont à moitié cachés par le principal tableau. *L.* 20 *p.* 8 *lig.*; *haut.* 18 *p.*

Cette estampe est de la plus grande rareté à trouver telle que nous la décrivons; la planche ayant été réduite pour faire partie du recueil d'estampes intitulé : *tableaux des maîtres italiens du cabinet de Léopold d'Autriche*, etc., publiée sous la direction de Teniers, et dans lequel ce morceau n'offre plus que le sujet de la reine de Saba.

232 Le Calice, d'après Mantegna.

233 La Cathédrale de Strasbourg, première épreuve avant les contre tailles, sur la maison à droite, et avant la seconde ligne d'écriture.

234 Le Lièvre mort et la Taupe.

Louis KRUG. *B. v.* VII, *p.* 535.

235 La Nativité, n° 1.

Le Prince de LIGNE.

236 Un sujet libre, gravé à l'eau forte.

Jean **LIVENS.** *B. École de Rembrandt, p.* 23.

237 Portrait de Vondel, poète Hollandais, n° 57. Première épreuve avant la lettre, et le trait carré du bas; de toute beauté.

238 Le même portrait, seconde épreuve avec la lettre; mais avant le nom de *Mathan*.

Melchior **LORCH.** *B. v.* IX, *p.* 500.

239 Le portrait d'Albert Durer, n° 10.

Lucas de **LEYDE.** *B. v.* VII, *p.* 331.

240 Le péché d'Adam et d'Ève, n° 3

241 David pinçant de la harpe devant Saül, n° 27; superbe épreuve.

242 L'Adoration des rois, n° 37.

243 Jésus présenté au peuple, n° 71. Riche composition; superbe épreuve.

244 L'Homme de douleurs, n° 76.

245 La conversion de saint Paul, n° 107; épreuve parfaite.

246 Marie-Madeleine se livrant aux plaisirs du monde, n° 122.

247 La Madeleine dans le désert, n° 123.

248 Vieille femme à mi-corps, tenant une grappe de raisin, n° 151; rare.

249 L'Espiègle, n° 159. Estampe la plus rare de l'œuvre de Lucas; parfaite de conservation.

250 Deux ronds avec des génies, sur une seule planche, n° 170.

MAIR. *B. v.* VI, *p.* 362.

251 La Maison d'architecture gothique, ornée de statues, n° 2 ; douteuse.

Israel de MECKEN. *B. v.* VI, *p.* 184.

252 Le portrait d'Israel de Mecken le jeune, n° 2 ; superbe épreuve, et rare.

253 Descente de Croix, n° 19 ; d'une beauté d'épreuve et d'une conservation qui ne laissent rien à désirer.

254 Le Christ en croix entre la Vierge et saint Jean, n° 28.

255 La Vierge immaculée, n° 48.

256 La mort de la Vierge n° 50, très-belle.

257 Jésus et les Apôtres, n° 64 à 78. Douze pièces, manque le n° 65 et 77. Ces pièces sont très-rares à trouver aussi belles et si uniformes d'impression.

258 L'Annonciation; la Vierge est à genoux devant un autel, et tournée vers la droite, derrière elle l'ange Gabriel déroule une banderole sur laquelle est écrit *ave maria;* pièce cintrée et rare, non décrite. *H.*, 5 *p°* 7 *lig. larg.*; 4 *p°* 2 *lig.*

259 Vierge assise sur un trône, n° 147.

260 Lucrèce se donnant la mort, n° 168.

261 Le Vaisseau, n° 196; rare.

Vander **MEER**, *le jeune*. *B*. *v*. I, *p*. 229.

262 La Brebis couchée, n° 1 très-rare.
263 La Brebis debout, n° 2, ancienne et belle épreuve; rare de cette qualité.

MOLENAER. *B*. *v*. IV, *p*. 1re.

264 Les Débauchés, avec le nom de Molenaer.

MULLER *père*.

265 La Vierge à la Chaise, d'après *Raphael*, faisant partie du grand musée, publié par Robillard; avant la lettre.

MULLER *fils*.

266 La Vierge sur les nues, dite *la Vierge Saint-Sixto*, d'après *Raphael*; rare épreuve avant la lettre et avant les auréoles.
267 Saint Jean, d'après le *Dominiquin*; épreuve avant les vers, seulement les noms des artistes, l'année 1808 et avec toute sa marge; le papier non ébarbé.

G. **PENCZ**. *B*. *v*. VIII, *p*. 319.

268 Naissance de J.-C., n° 30.
269 L'Adoration des rois, n° 32.
270 Thétis et Chiron, n° 90; superbe épreuve très-bien conservée.

J.-Ulric **PILGRIM.** *B. v.* VII, *p.* 449.

271 Saint Sébastien attaché à un arbre, n° 5; rare.
272 Alcon de l'île de Crète délivrant son fils enveloppé d'un serpent, n° 9; pièce rare.

Paul **PONTIUS.**

273 Thomiris, d'après *Rubens*; belle épreuve.
274 Le Roi boit, d'après *Jordaens*; belle épreuve avant toute lettre.

Paul **POTTER.** *B. v.* 1er, *p.* 37.

275 Différens chevaux; suite de cinq estampes, n° 9 à 13; belles épreuves.
276 Le vacher, n° 14; second état de la planche avant l'adresse.
277 La même avec l'adresse effacée.
278 Le berger; très-belle et rare, n° 15.
279 La tête de vache, n° 16; très-belle, avec marge, et d'une grande rareté.
280 La vache couchée près de l'arbre, 17; très-belle et rare, avec marge.

REMBRANDT. *OEuvre de Rembrandt. B. v.* 1er.

281 Portrait de Rembrandt aux trois moustaches, n° 2.
282 Rembrandt dessinant, n° 22; seconde épreuve, mais extrêmement rare avec la main droite claire, la chemise et le col moins travaillés, et avant les

grosses tailles horizontales sur l'épaule gauche; remarques que n'avait pas faites *Bartsch*.

283 Le même portrait qui est le second état décrit par *Bartsch*, avant le paysage, avec la manchette blanche, les deux mains ombrées; la chemise plus travaillée et avec des tailles horizontales sur l'épaule gauche; très-rare aussi.

284 Adam et Ève, n° 28; première épreuve.

285 Agar renvoyée par Abraham, n° 31.

286 Abraham avec son fils Isaac, n° 34.

287 Le Sacrifice d'Abraham, n° 35.

288 Joseph racontant ses songes, n° 37; première épreuve; très-rare.

289 Jacob pleurant la mort de Joseph, n° 38.

290 Triomphe de Mardoché, n° 40; superbe épreuve; la planche non ébarbée.

291 Tobie aveugle, n° 42.

292 L'Ange disparaissant devant la famille Tobie, n° 43; première épreuve très-belle.

293 La Circoncision, n° 48.

294 Fuite en Égypte, n° 52.

295 Fuite en Égypte; composition dans le goût d'Elzheimer, n° 56; rare.

296 Repos en Égypte, n° 57; première épreuve, et rare avant la tête de l'âne.

297 La Vierge et l'Enfant-Jésus sur les nuages, n° 61.

298 Jésus-Christ au milieu des docteurs, n° 66; première épreuve de la plus grande rareté.

299 Jésus prêchant, ou la petite tombe, n° 67.

300 La Samaritaine, n° 70; première épreuve de la plus grande rareté avant le nom et l'année, et la planche coupée.

301 La résurrection de Lazarre, n° 73; grande estampe cintrée, seconde épreuve avant le bonnet sur la tête de l'homme effrayé; le vieillard à grande barbe qui est auprès de lui a une petite calotte platte sur la tête. Nous avons examiné une épreuve toute première avec la femme vue par le dos, et nous avons trouvé que ce même vieillard était aussi avec la petite calotte : c'est donc par inadvertance qu'on l'a décrit avec la tête découverte dans la première et seconde épreuve; pièce de la plus grande rareté et d'un très-bel effet. La figure qui est dans l'ombre, à la gauche de l'estampe, qui, d'ordinaire, est mal venue à l'impression est ici d'un beau noir et bien veloutée, le papier est coupé carrément sur les 4 côtés, et porte 6 lignes de marge tout autour.

302 La pièce des cent florins, n° 74; première épreuve; très-belle.

303 La même, retouchée par le capitaine *Bailli*, imprimée sur satin.

304 L'*Ecce homo*, n° 77; second état avant les contre-tailles sur le visage de l'homme qui est au-dessus de celui qui présente le roseau.

305 La Descente de croix, n° 81; second état avant l'adresse de H. Vlenburg. Ces deux pièces sont magnifiques et ne laissent rien à désirer.

306 Jésus-Christ en croix entre les deux larrons, n° 79.

307 Descente de croix, n° 83; superbe épreuve sur papier du Japon; la planche non ébarbée.

308 Le bon Samaritain, n° 90; première épreuve où le cheval a la queue blanche. Il est impossible de trouver cette pièce plus brillante et mieux conservée.

309 Saint Jérôme, n° 103, première épreuve avant le nom de Rembrandt et le trait qui le renferme; superbe épreuve non ébarbée et avec marge.

310 Saint Jérôme, n° 105; première épreuve.

311 La Médée, n° 112; première épreuve avant la couronne.

312 Le petit Orfèvre, n° 123; très-belle épreuve sur papier du Japon.

313 La Faiseuse de koucks, n° 124.

314 Synagogue des Juifs, n° 126.

315 La Coupeuse d'ongles, n° 127; très-rare.

316 Le Charlatan, n° 129.

317 L'Amour couché, n° 132; pièce rare.

318 Aveugle jouant du violon, n° 138.

319 Paysan et paysane marchant, n° 144; rare.

320 Homme méditant, n° 148; première épreuve.

321 Le Patineur, n° 156; de la plus grande rareté, et la planche non nettoyée.

322 Le Cochon, n° 157.

323 La Coquille, n° 159, première épreuve, avec le fond blanc; morceau des plus rares.

324 Gueux debout, n° 163.

325 Mendians à la porte d'une maison, n° 176.

326 Le Moine dans le blé, n° 187 ; très-rare. Copie du même morceau.
327 L'Espiègle, n° 188 ; première épreuve ; rare.
328 L'Homme qui pisse, n° 190.
329 La Femme qui pisse, n° 191, rare.
330 Femme au bain, n° 199, première épreuve extrêmement rare.
331 Vue ancienne d'Amsterdam, n° 210.
332 Paysage aux trois Arbres, n° 212, épreuve d'un éclat extraordinaire.
333 Paysage aux trois Chaumières, n° 217.
334 Paysage à la Tour, n° 223, première épreuve sur papier du Japon et d'une grande beauté. Une contr'épreuve de la pièce et du même état.
335 La Chaumière et la Grange à foin, n° 225.
336 Le Paysage à l'obélisque, n° 227.
337 Le Moulin de Rambrandt, n° 233, superbe épreuve.
338 La Campagne du Peseur d'or, n° 234, belle épreuve sur papier du Japon avec grande marge, rare.
339 Le Paysage au bateau, n° 236, très-beau.
340 Vieille qui dort, n° 250.
341 Homme avec chaîne et croix, n° 261.
342 Vieillard à grande barbe et bonnet fourré, n° 262.
343 Homme à barbe courte et bonnet fourré, n° 263, second état, rare.
344 Vieillard à barbe carrée, n° 265, plus une contr'épreuve.
345 Portrait de Sylvius vu à mi-corps, renfermé dans un ovale, n° 266, très-belle épreuve.

346 Jeune homme assis et réfléchissant, n° 268.

347 Rénier Ausloo, n 271.

348 Clément de Jonge, n° 272, première épreuve, rare.

349 Abraham France, n° 273, seconde épreuve.

350 Jean Lutma, n° 276, première épreuve avant la croisée.

351 Éphrahïm Bonus, n° 278, belle épreuve bien conservée.

352 Wtenbogardus, n° 279.

353 Utenbogaerd, dit le Peseur d'or, n° 281, première épreuve avec la tête au trait, rare.

354 Le même portrait terminé, belle épreuve.

355 Vieillard à grande barbe et tête chauve, n° 291, première épreuve avant que la planche fut coupée.

356 Vieillard à grande barbe, n° 312.

357 Vieillard à barbe carrée, n° 313.

358 Petite tête grotesque, n° 327, rare.

359 La grande Mariée juive, n° 340, première et rare épreuve avec la main blanche.

360 La même estampe, seconde épreuve.

361 Étude pour la grande Mariée juive, n° 341, extrêmement rare.

362 Griffonnement où se voit la tête de Rembrandt, n° 363, première épreuve de la plus grande rareté, avec une marge de neuf lignes.

363 Vieille femme assise, n° 343.

Hari **ROOS.** *B. v.* 1er, *p.* 129.

364 Le Berger et son Troupeau en repos, n° 38, épreuve

de la plus grande rareté, non connue de *Bartsch*, avant le ciel et avec la date de 1660 au lieu de 1664.

J. **RUYSDAEL.** *B. v.* Ier, *p.* 307.

365 Le petit Pont, n° 1.
366 Le Champ bordé d'arbres, n° 6, belle épreuve et rare.
367 Le Bouquet des trois arbres, n° 6, pièce rare et belle.

J. **SŒNREDAM.** *B. v.* III, *p.* 215.

368 Curé à la fenêtre, n° 8.

Georges-Frédéric **SCHMIDT**, *de Berlin.*

369 Tobie et sa femme, d'après *Rembrandt*, épreuve avant la lettre.
370 Loth et ses filles, d'après le même, épreuve avant la lettre.
371 La Présentation au temple, d'après *Dietrici*, épreuve avant la lettre.
372 Jésus guérissant la fille de Jaïre, d'après *Rembrandt*, épreuve avant la lettre.
373 Les Fumeurs, d'après *Ostade*, épreuve avant la lettre.
374 Portrait de Pierre Mignard, épreuve avant l'étoile qui se trouve ordinairement vers le milieu du bas de la planche.

375 Le Satyre et la Chèvre, pièce libre et très-rare.

Martin **SCHONGAWER.** *B. v* VI, *p.* 108.

376 L'Adoration des Mages, n° 6.

377 La Passion de Jésus-Christ, en douze pièces, n° 9 à 20. Cette belle suite est d'un ton uniforme et rare à trouver complète.

378 Le Portement de Croix, n° 21.

379 Le Christ en Croix, n° 24, très-belle épreuve avec marge.

380 Jésus apparaissant à la Magdeleine, n° 26.

381 La Mort de la Vierge, n° 33, belle et d'une conservation parfaite.

382 Saint-Antoine tourmenté par les Démons, n° 37, rare épreuve ne laissant rien à désirer.

383 Saint Jacques-le-Majeur combattant les Infidèles, n° 53, pièce parfaite et d'une grande rareté.

384 Vierge assise sur un trône auprès de Dieu, n° 71.

385 Dieu couronnant la Vierge, n° 72.

386 La Crosse, n° 106.

387 L'Encensoir, n° 107.

388 Jésus au milieu des Anges, n° 6 des pièces qui ne sont pas attribuées à ce maître. Cette estampe, dont *Bartsch* paraît douter, est très-recherchée des amateurs, et une des plus rares de l'œuvre de M. Schongower.

389 Jésus en prières au Jardin des Olives; Jésus attaché et conduit prisonnier. Deux petites pièces rondes

dont les planches ont été retrouvées ; elles sont modernes d'épreuves et belles.

Jean SUYDERHOEF.

390 La Paix de Munster, d'après *Terburg* ; épreuve d'un effet brillant.

391 Les quatre Bourgmestres d'Amsterdam, d'après *Keyser*, très-belle épreuve.

392 Portrait de Descartes avant le nom du graveur.

393 Portrait anonyme d'un homme, vu à mi-corps, assis et couvert d'un chapeau élevé; magnifique épreuve avant tout nom, très-rare.

Adrien VANDEVELDE. *B. v.* 1er, *p.* 209.

394 Le Vacher et le Taureau, n° 1.

395 La Vache couchée, n° 2.

396 Les trois Bœufs, n° 3.

397 Les deux Vaches et le Mouton, n° 4.

398 Les trois Vaches, n° 5.

399 Le Bœuf, n° 6.

400 Le Cheval, n° 7.

401 Le Veau, n° 8.

402 Les Chiens, n° 9.

403 Les Chèvres, n° 10.

404 La Vache et les deux Moutons, n° 11.

405 Le Bœuf pie et les trois Moutons, n° 12.

406 Les deux Vaches au pied d'un arbre, n° 13.

407 La Brebis, n° 14.

408 Les deux Moutons, n° 15. Ces cinq dernières pièces sont anciennes et belles d'épreuve.

409 Le Berger et la Bergère avec leur troupeau, n° 17; première épreuve avant que l'artiste ait recouvert une petite tache blanche, à droite, où l'eau forte n'avait pas mordu, pièce rare.

Jean VANDEVELDE.

410 Les Joueurs de trictrac, d'après Vischer.

Jean VISCHER.

411 Le Bal.

412 Le Tatonneur; très-belle et rare épreuve avant tous noms.

Corneille VISCHER.

413 Le Marchand de mort aux rats; épreuve avant toutes lettres.

414 La Fricasseuse ou Faiseuse de koucks; magnifique épreuve avant l'adresse de *C. de Jonge*.

415 Le Mangeur de poisson; première épreuve avant la lettre.

416 Le portrait de Deonyzoon Winius, dit l'Homme aux pistolets; parfaite épreuve avant l'écriture sur la feuille de papier que tient le personnage, d'une grande rareté.

417 Gallius de Bouma; première épreuve avant l'écriture sur la seconde feuille du livre ouvert et avant

l'année 1656, au-dessous des vers, d'une grande rareté.

418 Coppenol, écrivain hollandais; première épreuve sans aucuns noms et avant le changement fait à l'ombre qui est sur la manche, très-rare.

419 Portrait d'un Ecclésiastique portant rabat et calotte; l'estampe est cintrée du haut; épreuve avant la lettre et avant le nom de *Vischer*.

420 Portrait d'homme à grande barbe et perruque frisée, couvert d'un bonnet fourré; très-belle et très-rare épreuve.

421 Portrait de Vondel, poète hollandais; belle épreuve avant les vers du bas, avant la tête du faune sur le papier qu'il tient à la main, et avant l'année.

422 Jacob Westerbaen, vu en buste.

423 La Mère de Vischer, vue en buste.

424 Buste d'homme avec moustache et portant une petite calotte sur la tête, le col de sa chemise est rabattu; très-belle épreuve avant toutes lettres et avant le nom de Vischer, rare.

425 Les Patineurs, d'après *Ostade*; épreuve avant les noms.

426 Les Violoneurs, d'après *Ostade*.

427 Le petit Chat endormi sur la serviette; très-jolie pièce, la plus rare de l'œuvre de Vischer.

428 Le gros Chat; ancienne épreuve.

Van **VLIET.** *École de Rembrandt. B. p.* 61.

429 Loth et ses Filles, n° 1 ; première épreuve avant les troisièmes tailles sur le fond, dans le haut de la droite, et avant le contour de la coupe éclairci ; rare.

430 La même estampe, seconde épreuve.

431 Saint Jérôme en prières, d'après *Rembrandt,* n° 13.

432 Gogaille de Paysans, n° 17.

Lucas **VOSTERMAN.**

433 La Descente de Croix, d'après le tableau de *Rubens* qui orne la cathédrale d'Anvers ; première épreuve de toute beauté et très-rare à trouver de cette qualité.

434 Le Christ descendu de la Croix, d'après *Van Dyck* ; superbe épreuve avant la troisième ligne du titre.

435 Le Christ déposé dans le tombeau, d'après *Raphael.*

436 Portrait de Claude Maugis, le premier amateur qui ait réuni une collection d'estampes en France.

Philippe **WOUWERMANS.** *B. v.* 1er, *p.* 395.

437 Le Cheval attaché à un arbre à la droite de l'estampe ; la plus rare de toutes les eaux-fortes hollandaises, parfaite de conservation ; elle porte trois ou quatre lignes de marge.

Martin **ZINGEL.** *B. v.* VI, *p.* 371.

438 L'Embrassement, n° 15.

ÉCOLE FRANÇAISE.

ALION. *B. v. 9, p. 143.*

439 Vierge assise sur un autel, n° 5, jolie pièce ronde.

Gérard **AUDRAN.**

440 La Peste d'Eaque, d'après le *Poussin;* épreuve avant toutes lettres, d'une grande rareté.

441 La Femme adultère, d'après le *Poussin ;* avant les points sur la marge de droite.

442 Le Temps enlevant la Vérité.; première et belle épreuve avant la draperie.

443 L'Entrée d'Alexandre dans Babylone, d'après *Le Brun ;* première épreuve avant le nom de *Goyton,* imprimeur, et avant *les chiffres romains.*

Benoît **AUDRAN.**

444 La Défaite de Porus; très-rare épreuve avant toutes lettres.

BALECHOU.

445 Sainte Geneviève, d'après *Vanloo;* épreuve avant la lettre.

446 La Tempête, d'après *Vernet;* épreuve avant toutes lettres. Très-rare.

447 Auguste, roi de Pologne, vu en pied, d'après *Rigaud.* La marge est rapportée.

BERVIC.

448 L'Enlèvement de Déjanire ; première épreuve avant la lettre, et avec le talon couvert par la draperie.

449 Laocoon et ses enfans, d'après le groupe antique ; épreuve d'une rare beauté. Le nom *de Bervic* tracé à la pointe et avec toute sa marge.

450 Louis XVI vu en pied, d'après *Callet* ; épreuve avant la lettre.

BOISSIEUX.

451 La Leçon de Botanique. Entrée du village de Lantilly, pièce connue sous le titre des *Petits Maçons,* et un paysage d'après *Cl. le Lorrain ;* trois pièces très-belles sur papier de chine.

CALLOT.

452 Les Supplices ; très-belle épreuve. Le Jeu de Boules ; première et belle épreuve avant le nom de Callot.

M. CLAUSSIN.

453 Les Chevaux, d'après *P. Potter;* très-habilement copiés. Le cheval de frise s'y trouve deux fois :

454 Plusieurs griffonnemens d'après *Boissieux.*

LE CLERC.

455 Le Triomphe d'Alexandre; première épreuve avec la tête de profil. L'Académie des Sciences; épreuve avant toutes lettres.

M. Aubry LE COMTE.

456 Le portrait de la Joconde, d'après *Léonard de Vinci;* avant la lettre et sur papier de Chine.

457 Ariane abandonnée, et le Sommeil d'Érigone, deux pièces d'après Girodet; épreuves sur papier de Chine avant la lettre et du premier tirage.

M. DESNOYERS.

458 Bélizaire, d'après M. *Gérard;* épreuve avant la lettre.

459 Camée, d'après une pierre antique; épreuve avant la lettre et les médailles.

P. DREVET.

460 Le portrait de Louis XIV, représenté en pied, d'après *Rigaud;* première épreuve avant les secondes tailles sur la colonne, avant les travaux ajoutés à la perruque et aux mollets.

461 Mme la duchesse d'Orléans; épreuve avant le nom de Drevet.

462 Bossuet vu en pied, d'après *Rigaud;* première épreuve avant les contre-tailles sur le fauteuil et avec les fautes dans l'inscription.

463 Le cardinal de Noailles, en buste dans un médaillon.

464 Fénélon vu en buste; d'une beauté et d'une conservation parfaites.

465 Louise Adélaïde, abbesse de Chelles, épreuve avant la lettre.

466 Samuel Bernard vu en pied, d'après *Rigaud*; première épreuve avant le titre de conseiller d'état.

467 Boileau Despréaux, d'après *Rigaud*, épreuve avant la lettre.

468 Mlle Le Couvreur, d'après *Coypel*; épreuve avant la lettre.

469 Dufailly; petit portrait très-fin avant la lettre.

Marc **DUVAL.**

470 La Femme adultère accusée devant Jésus-Christ; pièce rare, d'après le *Titien*.

G. **EDELINCK.**

471 Moïse tenant les tables de la loi, d'après *Ph. de Champaigne*; première épreuve avant les noms des artistes et le titre au-dessous de la gravure. Cette planche, commencée par *Nanteuil*, a été terminée par *Edelinck*.

472 La Sainte-Famille, d'après *Raphaël*; première épreuve avant les armes de Colbert.

473 Le Christ aux Anges, d'après *Le Brun*; grande pièce en deux feuilles; épreuve avant l'adresse de Drevet, avec une grande marge.

474 La Madeleine, d'après *Le Brun*; épreuve avant la lettre, avant les rayons, avant des travaux sur le mur d'appui et avec les noms à la pointe; première et rare épreuve d'une grande beauté : 15 lignes de marge au bas et une ligne aux trois autres côtés.

475 La Tente de Darius, d'après *Le Brun;* première épreuve avant le nom de *Goyton* et avant les chiffres romains.

476 Le Combat des quatre Cavaliers, d'après *Léonard de Vinci*; première épreuve avant les noms des artistes, qui se trouvent au bas de la planche dans l'intérieur de la gravure.

477 Philippe de Champaigne en buste, d'après le tableau de ce maître; superbe épreuve avant les petites verrues sur la figure.

478 Desjardins, d'après *Rigaud ;* première épreuve avant la lettre, rare.

479 Dilgorus en buste.

480 Le Brun, d'après *Largillière.*

FIQUET.

481 Son œuvre avant la lettre, composé de plus de cent dix pièces, parmi lesquelles se trouvent les portraits les plus rares, et avec des remarques qui ne sont connues que dans cet œuvre; beaucoup sont répétés avec différences ce qui le rend le plus complet et le plus beau que l'on ait jamais formé.

Claude GELLÉE *dit Le Lorrain.*

482 Vue *del Campo Vaccino*, à Rome; épreuve avant la lettre.

483 Paysage où l'on voit sur le devant un pâtre et deux villageoises dansant; première épreuve très-belle avant les travaux sur le ciel.

484 Un berger assis jouant de la cornemuse; à gauche un troupeau de vaches passe une rivière à gué.

485 Berger assis près d'une jeune fille qui lui indique du doigt quelque chose dans l'éloignement; ou voit à gauche des animaux se dirigeant vers une rivière; première épreuve avec les arbres du milieu plus grands, à travers lesquels on voit une ville dans le fond, et avant beaucoup de travaux sur le ciel et les terreins; pièce rare.

406 La même estampe avec la ville supprimée, les arbres raccourcis et les ciels terminés.

GIRARDET.

487 La Cène, d'après *Ph. de Champaigne;* épreuve avant la lettre.

488 L'Apothéose d'Auguste, d'après un camée antique; épreuve avant toutes lettres. Le nom du graveur seulement à la pointe.

M. LAUGIER.

489 Le Zéphir se balançant, d'après *Prudhon;* première épreuve avant toutes lettres. Cette estampe fait le plus grand honneur à l'artiste par la pureté du burin et le brillant de l'effet.

490 Pygmalion enthousiasmé devant sa statue, d'après *Girodet;* première épreuve avant la lettre; les noms des artistes.

M. LIGNON.

491 La Vierge au Poisson, d'après *Raphaël;* épreuve avant la lettre sur papier de Chine.

492 Portrait du Poussin; épreuve avant toutes lettres; on y a joint une épreuve d'eau-forte.

493 Portrait de Mlle Mars, d'après M. *Gérard;* pre

mière épreuve sur papier de Chine avant toutes lettres et les couronnes.

M. *Raphaël-Urbain* MASSARD.

494 Hyppocrate refusant les présens des ambassadeurs du roi de Perse, d'après *Girodet*; épreuve avant la lettre.

495 Attala, d'après *Girodet*; épreuve avant la lettre.

496 L'Enlèvement des Sabines, d'après *David*; épreuve de choix avant la lettre, sur papier de Chine.

MASSON.

497 Jésus à table avec les disciples d'Emmaüs, d'après le *Titien*; avant quelques travaux sur les pieds du Christ, et avant des travaux sur le ciel. *Épreuve dite aux pieds blancs*. Extrêmement rare.

498 Louis XIV vu en buste, couronné de laurier; première épreuve avant la bordure; très-rare.

499 Le portrait du comte de Harcourt vu à mi-corps, dit *le Cadet à la perle*, d'après *Mignard*; première épreuve avant le 4 dans la marge, à gauche au-dessus du plumet.

500 Le Fèvre d'Ormesson en buste, épreuve unique, avant des travaux que l'on aperçoit aux épreuves postérieures sur la robe.

501 Marin Cureau, première épreuve avant les doubles tailles; une seconde épreuve très-rare aussi, avec les doubles tailles sur un côté du visage seulement.

502 Marie de Lorraine duchesse de Guise; première et belle épreuve avant le lapin sur le support de la bordure.

503 Gaspard Charrier; superbe épreuve.

504 Brisacier; rare épreuve avant la lettre et d'une conservation parfaite.

505 Une seconde épreuve aussi avant la lettre, mais une partie de la marge rapportée.

MELLAN.

506 Saint Pierre Nolasque porté par deux anges; pièce capitale et rare de ce maître.

MORIN.

507 Le portrait de Bentivoglio, d'après *V. Dyck*.

NANTEUIL.

508 Le portrait de Louis XIV; grand buste dans une bordure de laurier posée sur une peau de lion.

509 Le portrait d'Anne d'Autriche; très-belle épreuve avant le guillemet.

510 Le portrait de Turenne dans une bordure ovale, avec des tours aux angles.

511 Autre épreuve du même portrait avant la bordure, les tours et l'inscription; très- rare.

512 Portrait de Colbert, grand buste dans une bordure de laurier; dans les angles du bas il y a deux couronnes.

513 Portrait du grand Condé.

514 Portrait de Richelieu.

515 Portrait de Péréfixe, archevêque de Paris.

516 Autre portrait de Richelieu entouré de branches de laurier.

517 Portrait de Steenberghen, dit *l'Avocat de Hollande*.

518 Portrait de Colbert, d'après *Ph. de Champaigne*.

519 Pomponne de Bellièvre; première épreuve avant le guillemet. Très-rare.

520 Hugues de Lionne; joli petit portrait.

521 Portrait de Sarrasin.

522 Jean Loret; première épreuve, avant la virgule après le mot Loret.

523 Portrait de Lamothe-le-Vayer.

Jean **PESNE**.

524 L'Évanouissement d'Esther devant Assuérus, d'après *le Poussin*; épreuve avant l'adresse.

525 Les sept Sacremens, d'une grande beauté d'épreuve et de conservation. Ils sont avant l'adresse et avec les remarques suivantes, qui caractérisent les premières épreuves.

1° La Confirmation est avant les tailles verticales sur la joue gauche de l'enfant derrière l'évêque, et avec une lumière qui se prolonge sur toute la jambe droite de l'enfant debout à la gauche de la composition. Il y a des épreuves avant l'adresse où cette lumière est couverte de points.

2° L'Eucharistie ne porte au titre que ces mots: *Hoc fecite in meam commemorationem*. Dans les épreuves postérieures, même avant l'adresse, il y a une autre inscription à la suite de celle-ci.

3°. Le Mariage. Dans le mot *Desponsata*, la la lettre A qui le termine n'est formée que des deux traits, sans être ombrés. Il y a des épreuves avant l'adresse où le jambage droit est ombré.

526 Le Christ mort pleuré par les Saintes Femmes, d'après *le Poussin*.

527 Le Testament d'Eudamidas, d'après *le Poussin*,

première et rare épreuve avant les doubles tailles sur la lance.

Bernard **PICARD.**

528 L'Exécution de Charles Ier et de Marie Stuart ; première épreuve avec le titre en français.

F. **POILLY.**

529 L'Adoration des Bergers, d'après *le Guide* ; première épreuve avant les anges dans le haut, et avant la bordure terminée. Très-rare.

530 Sainte-Famille, d'après *le Poussin* ; première épreuve avec le saint Jean et l'Enfant-Jésus non terminés.

531 La Vierge au berceau, d'après *Raphaël* ; première épreuve avant les doubles tailles sur la prolongation de la robe de sainte Anne près du bord gauche de l'estampe. Rare.

532 La Vierge au linge, d'après *Raphaël* ; première épreuve avant les contre-tailles sur le linge que tient la Vierge.

Nicolas **POUSSIN.**

533 Des enfans nus jouant sous des arbres. Seule pièce gravée à l'eau-forte par ce maître, d'une grande rareté. Il en existe une copie faite par Mariette.

M. RICHOMME.

534 Sainte-Famille, d'après *Raphaël*, pour le grand Musée ; épreuve avant toutes lettres, les noms d'artistes gravés à la pointe. Sur papier de Chine.

535 Galathée sur les eaux, d'après *Raphaël* ; avant la lettre.

536 Triomphe de Thétis, d'après M. *Gérard*; avant la lettre.

ROULLET.

537 Le Christ mort sur les genoux de la Vierge, d'après *Ant. Carrache*; très-rare épreuve sans aucune lettre au bas de l'estampe; seulement les noms des artistes dans l'intérieur de la gravure. Dans les épreuves postérieures aussi avant la lettre, il y a une ligne d'écriture dans le marge tout près de la bordure.

538 Vierge tenant l'Enfant-Jésus, d'après *Mignard*; épreuve avant la lettre.

Van SCHUPPEN.

539 Sainte-Famille, d'après *le Bourdon*; rare épreuve avant la lettre et avant les draperies sur la nudité de l'Enfant-Jésus.

540 Portrait de La Reynie, avant la lettre.

SPIERRE.

541 La Vierge et l'Enfant-Jésus, d'après *le Corrège*; première épreuve avant la draperie sur la nudité de l'Enfant-Jésus, et avant toutes lettres, seulement les noms des artistes tracés à la pointe; pièce de la plus grande rareté.

TARDIEU.

542 Le Portrait de Henry IV, d'après *Porbus*, pour la galerie d'Orléans; épreuve avant la lettre.

WILLE.

543 Cléopâtre se faisant piquer le sein par un aspic; épreuve avant la lettre et avant les armes terminées.

544 Les Musiciens ambulans, d'après *Dietrici*; épreuve avant la lettre et avec les armes.

545 Le petit Physicien; épreuve avant la lettre.

546 La petite Récureuse; épreuve avant la lettre.

P. WOERIOT.

547 Six pièces compris le portrait du graveur. Sujet de l'histoire ancienne, rares. *Larg.* 4 *p.* 2 *lig. sur* 2 *p.* 2 *lig.*

ÉCOLE ANGLAISE.

BARTOLOZZI.

548 Clytie, d'après *Ann. Carrache*, épreuve avant la lettre.

549 Le diplôme des peintres de l'Académie de Londres, épreuve avec l'inscription sur le piédestal. D'une belle conservation.

M.-C. COOK.

550 Le fameux Vaisseau le Nelson, prêt à être lancé à la mer, très-belle épreuve avant la lettre, sur papier de Chine.

EARLOM.

551 Les Fleurs et les Fruits, deux belles estampes, d'après *Van Huysum*. Avant la lettre et de première édition.

C. HEATH.

552 Le portrait de Benjamin West, peintre anglais, vu

jusqu'aux genoux, d'après *Newton*; épreuve avant la lettre sur papier de Chine.

MARTIN.

553 Mester Lambton, d'après *Lawrence*; épreuve de la plus grande beauté, avant toutes lettres.

M. RAIMBACH.

554 The Cot Finger, d'après *Wilkie*; épreuve avant la lettre sur papier de Chine.

STRANGE.

555 Charles Ier vu en pied près de son cheval, d'après *van Dyck*; belle épreuve avant toutes lettres et avec grande marge.

VIVARÈS.

556 La Tour enchantée, et Vue de Naples, deux pièces, d'après *Cl. le Lorrain*; épreuves avant la lettre.

W. WOOLLETT.

557 La Mort du général Wolf, et le Combat de la Hogue; deux pièces d'après *West*; très-belles épreuves avant la lettre.

558 La Campagne de Cicéron, d'après *Wilson*; épreuve avec la lettre tracée à la pointe.

559 La petite forêt, d'après *Guaspra Poussin*; épreuve avant la lettre rare.

560 Vue des ruines des édifices romains, d'après *Cl. le Lorrain*; première épreuve avant toutes lettres.

561 Le Grand Pont, paysage d'après *Cl. le Lorrain*; première épreuve avant toutes lettres.

562 Le Portrait de Rubens, représenté en buste; première épreuve avec le titre tracé à la pointe.

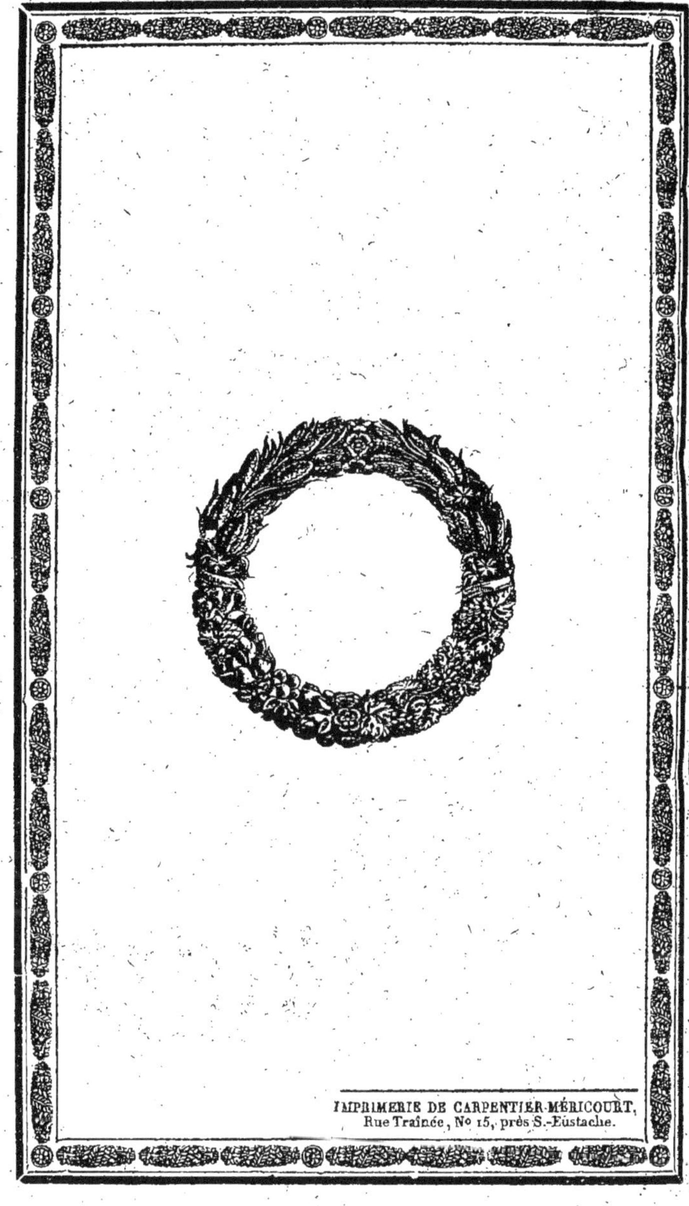

IMPRIMERIE DE CARPENTIER-MÉRICOURT,
Rue Traînée, N° 15, près S.-Eustache.

www.ingramcontent.com/pod-product-compliance
Ingram Content Group UK Ltd.
Pitfield, Milton Keynes, MK11 3LW, UK
UKHW020211200726
13856UKWH00004B/1329

9 782011 926593